**CÍRCULO
DE POEMAS**

Noite devorada

Mar Becker

1ª reimpressão

ENTRE PÁSSARO E QUEDA
13 [amo com minhas perdas]
14 [também a delicadeza devora]
15 [só um corpo derrotado pela noite]
16 [porque uma de mim chama]
17 [até o surgimento da fotografia]
18 [meus pulsos finos]
19 [eriçar a água]
20 [não amo teus olhos]
21 [sulcar a miragem]
22 [ser uma mulher tocada]
23 [porque o amor torna frágil]
24 [gosto quando chega a estação]
25 [sempre amei palavras]
26 [duas sombras que se tocam]
28 [um catálogo particular]
29 [aquele que me ama deita os olhos em mim]
30 [pelo menos uma vez por mês]
31 [o amor fez frágeis demais minhas]
32 [tudo é véspera no sussurro]
33 [gosto de te olhar me olhando]
34 [a delicadeza arma suas próprias tocaias]
35 [ser toda escombro e canção]
36 [um anjo, no quarto antigo]
37 [também nomeio *anjo*]
38 [se ao tocar na água a penumbra]
39 [alguém uma vez me disse]
40 [vem do resto da vida amando]
41 [não sei dizer quando rarearam as palavras]
42 [aproxima-te do amor sem muitas perguntas]

TUDO ONDE ENCOSTO ME DESENCAMINHA

45 [há nas noites longas]
46 [o quarto, o amor, os objetos de amar]
47 [penso em mães e meninas]
48 [meu coração dormindo vigiado por lobas]
49 [noites como esta, em que tudo me fere]
50 [medo porque dei meu sono de abrigo]
51 [[...] enquanto a corola de sal]
52 [as cuias nas mãos gaúchas]
53 [como é feroz a tristeza de algumas mulheres]
54 [do que está morrendo]
55 [carregar no rosto uma divisa de sombra]
56 [longa conversa com a mãe]
57 [fossem longas, muito longas]
58 [a cabeleireira, ela então me disse assim]
59 [dou-me a esta figuração sem língua]
62 [eu mesma nunca tive acesso ao mar]

QUE O MAR LEVE OS OLHOS

65 [sentir faltar o mar é enfim descobri-lo]
66 [uma se perdeu no deserto de alejandra]
67 [cerco a gargantilha que usava]
68 [eu me pergunto se não posso olhar o mar]
69 [o que me desmente são estes olhos de náufrago]
70 [demorar-se olhando o mar]
71 [um veleiro-fantasma atravessa meu sangue]
72 [o mar só responde a quem]
73 [oveiro negro, tordilho apatacado]
74 [doer no coração de alfonsina]
75 [ler um livro como se olha o mar]
76 [deito sal no corte]
77 [algumas palavras são lidas imediatamente]

78   [passei a vida amando uma língua]
79   [porque os olhos demoram]
80   [é o mar que ensina a perder]
81   [sou eu mesma uma noite devorada]

AQUI UMA TRANSPARÊNCIA ENTRA NA OUTRA, VIOLA-A
85   [gosto de pensar que mulheres]
86   [o professor aquele que no último]
87   [o mundo ainda ouvia cassete]
88   [peço um *mojito* no bar]
89   [eu ainda não escrevia poesia]
90   [a sombra do meu corpo no teu corpo]
91   [a chegada do livro, envolvido em pano]
92   [quando se alongam mulheres pelas camas]

APENAS O RASTRO SOBREVIVE
95   [escrever é negociar com a língua]
96   [tudo o que amei, amei numa língua impossível]
97   [este pássaro pesando-me o coração]
98   [o primeiro livro de poesia]
99   [tanto mais a língua se ergue em mim]
100 [escrevo com a noite nas mãos]
102 [diminuí meu nome próprio]
103 [as poetas de minha vida]
104 [a noite das mulheres ilegíveis]
105 [poesia, minha obscuridade]
106 Para escrever um poema

OS QUE SE PERDEM
111 [enquanto nos falta casa, amar]
112 [amar como a noite ama os roucos]
113 [amar como a estrada ama os que se perdem]

um buraco na noite
subitamente invadido por um anjo

alejandra pizarnik

ENTRE PÁSSARO E QUEDA

amo com minhas perdas
e meu estremecimento

amo neste corpo que pende, indeciso entre pássaro
e queda

também a delicadeza devora, a seu modo

só um corpo derrotado pela noite pode amar

porque uma de mim chama
mas a outra hesita

porque uma de mim espera a noite
mas a outra guarda a manhã

porque se cruzam na passagem, e uma olha
mas a outra desvia

porque permaneci no meio, e
o amor deita sombra em minha boca —
e numa de mim quero dizê-lo
mas na outra calá-lo

na outra, este medo de ferir com a voz

até o surgimento da fotografia, pensava-se que no galope os cavalos voavam, que era assim que neles a combinação de vento e velocidade percorria o corpo. é o que se vê nos registros que a humanidade fez desses animais antes das câmeras fotográficas, quando eram pintados só pela memória vaga do olhar. aqui comigo, imagino o dia da descoberta, os primeiros filmes sendo revelados, o incômodo — alguém deve ter posto as mãos no rosto, em recusa a ver. perdemos nossos cavalos suspensos, aqueles onde o mundo em certas tardes não ousava tocar. nunca mais músculo e relâmpago convergindo para um mesmo cinema, nunca mais cavalos chagados pelo sonho

meus pulsos finos
sua pulsação asselvajada

eriçar a água

tomar nota de como a garoa desce negra ao abrir dos
rímeis envelhecidos

imaginar meu anel de olho-de-tigre refletindo-se
nos olhos devastados de anna akhmátova

saber que corre nestes pulsos finos a
pulsação animalesca de gerações de mulheres sós

procurar a carne de toda lágrima

não amo teus olhos pelos olhos
não os amo assim, imperturbavelmente
amo teus olhos como num instante de água tocada
amo porque os perco
e os procuro
não amo a palavra em cada palavra tua
amo o rastro
a oscilação breve
espantada

nos olhos, nos olhos
amo a noite

sulcar a miragem
suster a perda

urdir o rastro

ser uma mulher tocada pela desaparição. penso nos astronautas — li esses tempos que voltam com algum grau de osteoporose do espaço. é a gravidade que nos confere bons ossos, o impacto. num lugar sem peso, nosso corpo se adapta, e o ideal passa a ser outro esqueleto, bem mais aerado, poroso. aos poucos vamos nos convertendo numa espécie nova, e um ímpeto de transparência começa a trabalhar. acho que a palavra quando dita em voz baixa, ou só sugerida em leitura labial, ela deve ser o fim dessa escalada por criaturas cada vez mais inespessas. não há língua que não seja resto daquilo que no princípio foi alucinado pela ossatura. pra mim, é evidente que minha clavícula esquerda esconde um anu

porque o amor torna frágil tudo o que toca
e porque eu mesma não evitei que
tocasse meu corpo
meus ossos
minha respiração
meu sono
por isso temo por mim —
pelo risco de desabar a um
tremor de pálpebras

gosto quando chega a estação das mariposas brancas, todas se parecem muito; gosto porque, se encontro uma numa semana e outra na seguinte, posso imaginar que são a mesma. nada me confirma em definitivo que sejam, mas também nada garante que não (a cor é igual, o tamanho), e basta essa margem pequena de dúvida para que meu desejo estremeça: partilhar com outra criatura alguns dias de invisibilidade, no intervalo entre sua primeira e segunda aparição. comungar com a estrangeira o mesmo silêncio sempre amei palavras que resistem à pele última da legibilidade

como também amo a estrela cruel que descubro lendo lábios, quando no frio o hálito anuvia a boca dos que falam muito baixo

duas sombras que se tocam, numa superfície qualquer
dois corpos que se cruzam e
movem o ar à volta um
do outro —
e só

dois desconhecidos que atravessam
noites de insônia diante do
mesmo livro
e não sabem que em cada palavra
mutuamente olhada
estão se olhando

duas arritmias que sobrepostas
compassariam um pulso perfeitamente

dois despertadores programados um para as cinco
outro para as oito da manhã
mas que pela distância entre países
pela diferença entre fusos horários, acabam fazendo
coincidirem duas xícaras
de café

dois equívocos gêmeos

dois futuros que frequentam os mesmos lugares
passam pelas mesmas esquinas e
pernoitam nos mesmos hotéis, em duas
mãos lidas pela mesma
mentira

na mesma história contada por lábios de uma
cigana muito pouco criativa

dois tatos que se buscam em
peles que se ignoram

duas bocas cúmplices, chamando-se
em línguas inimigas

os solitários amam a seu modo

um catálogo particular só sobre insetos que duram
   alguns poucos dias

a dormideira como escola: quando tocada, escapa — e
   ao escapar se entranha, como querendo compor no
   vento uma víscera

a sombra da carta nunca escrita no envelope vazio
   deixado na escrivaninha
(no poema de wislawa)

qualquer cidade invisível que pudesse confundir-se com
   uma mulher

aquele que me ama deita os olhos em mim
sabe que tudo é brevidade, agora
tudo é rastro

aquele que me ama sabe que na mulher amada dói uma
cidade invisível
sabe também que, para torná-la visível, é preciso
acessar essa mulher à pouca luz —
enquanto ainda se confundem um no outro
ruína e sonho

pelo menos uma vez por mês, manter as cortinas da casa
semicerradas —

e povoando-a devolver ao pranto a história da luz

o amor fez frágeis demais minhas
palavras

e eu agora temo feri-las de morte sussurrando-as

tudo é véspera no sussurro —
esse território suspenso na indecisão entre dizer e tocar

gosto de te olhar me olhando
gosto que nos olhos percebo em que
altura surjo silenciosa dentro
de ti, e tanto
que evitas perturbar
gosto que vou tomando parte
na história da penumbra
e que toda fragilidade aqui soa feroz
gosto que estás à beira de falar de amor
e foges
gosto que escondes mas vejo —
tens temido por meu corpo
(porque sem palavras continuas amando-o)
este meu corpo que agora te confunde
que pede tuas mãos mas
tocado
desabaria

a delicadeza arma suas próprias tocaias

entre as formas da pronúncia, é o sopro — essa matéria
tênue — a que mantém o idioma o mais próximo
possível dos caninos

ser toda escombro e canção

um anjo, no quarto antigo —
desenhava a luz entrando da rua de tal modo
arranjava-a desde a inclinação do poste
e a travessia pela janela
e conduzia o pouso no meu
rosto cindindo-o em dois com tal zelo
que toda vez minha boca foi guardada à sombra

também nomeio *anjo* a
sombra deitando-se nas teclas à hora em que
irrefletidamente
paul wittgenstein o pianista pôs sua
mão-fantasma
sobre o piano e tocou

e fez soar
o vento

esquecendo por um instante
o braço perdido
na guerra

se ao tocar na água a penumbra fizesse música
seria a minha

alguém uma vez me disse que nós humanos somos três vezes desterrados — de chão, de corpo, de língua

respondi que, no caso do corpo, há sim um país onde por algumas poucas noites conseguimos morada — o coração. na época, não percebia (agora vejo) que aqui um paradoxo resiste, afinal o coração ele mesmo endereça aquilo que não se fixa jamais — o sangue. no rio de nossas vidas, somos antes de tudo vagabundos, párias, fugitivos, saqueadores

> *Vem do resto da vida juntos*
> *a quietude no primeiro encontro.*
> Thomaz Albornoz Neves

vem do resto da vida amando
este meu silêncio lento

vem do pouco de uma vida para amar
o meu corpo que estremece

não sei dizer quando rarearam as palavras
quando aconteceu de esta língua com
que escrevo, tão vasta
querer recolher-se e morrer
no instante em que por ti
o vento passa

aproxima-te do amor sem muitas perguntas
aprende-o impensado, intocado ainda
sem perguntas aproxima-te, como descobrindo no
tempo um tempo sem
palavras
com medo de que
se chamado, o amor
(esse pássaro)
se assuste

TUDO ONDE ENCOSTO ME DESENCAMINHA

há nas noites longas, há nelas algo que trabalha convergindo-as todas para a mesma agulha de vidro que fere de leve deus o quarto, o amor, os objetos de amar no quarto. barras de lençol que se alongam, sutiã que guardo na gaveta encasulando uma taça dentro da outra, de modo a comporem ambas um só seio mendigo penso em mães e meninas. e é como tocar a pele de uma memória que quase se foi. água com açúcar. água doce para que durmam as pequenas. enquanto dormem, sobem suas almas aos lábios, eles então tomados de mosquinhas como as que vagam sobre frutas passadas meu coração dormindo vigiado por lobas, subitamente apetitoso

noites como esta, em que tudo me fere
e de leve o tremor da cortina ameaça a minha vida

medo porque dei meu sono de abrigo a uma flor envenenada
medo porque permiti à poesia que entrasse
que remendasse minhas calcinhas com
uma agulha de vidro
medo porque não sei o que aguardo
e cada vez mais as janelas chamam para perto
medo porque conheci o olhar dos mansos
e mesmo ele se insinua à passagem, refletido
em facas molhadas
medo porque em algum momento olharei para trás
e como fez a mulher de sal direi que meu lugar
é uma cidade incendiada
medo enquanto procuro pouso
medo das lágrimas da mãe, que eram doces
e em poucos dias viravam álcool e pelos cômodos iam
abrindo flores próprias
para seu terror
medo porque tudo excede
tudo onde encosto me desencaminha
medo porque amo esta língua despedaçada
pelo mar, que se ilumina e quebra

[...] enquanto a corola de sal dos meus lábios vai corroendo a canção as cuias nas mãos gaúchas, e a erva negra ao fim do dia, depois de absorver muita água. a imagem me percorre eriçada de cinemas, e ouço as mulheres dizerem "o mate está lavado", falam sussurrando muito próximo ao poço como é feroz a tristeza de algumas mulheres quando vistas perto das janelas — no alto do seu azul, no convite à chacina que vem por suas lágrimas do que está morrendo, a luz depreende seu primeiro rosto

carregar no rosto uma divisa de sombra que lhe permita
   a um só tempo ser legião e ser ninguém

.

a casa, ela não cessa de escorrer pelas mãos

.

creio no toque dos cegos, em como conjuram o vento
   como pele

longa conversa com a mãe, hoje. como nos olhamos com apreço, mesmo tão diferentes, dois lados opostos, odiando-se aqui e ali. há nesse lugar de inconciliação algo que reiteradamente comunicamos — com nossos chás e nossas vazadas bolachas maria, trespassadas de luz. entre o vapor, sondamo-nos de uma altura inventada. que estranha afeição, essa, que nutrem uma pela outra duas mulheres finalmente pareadas, como se farejam doces e conversam suavíssimas através de línguas de duas nações vindas da guerra

fossem longas, muito longas
minhas unhas
em curva
(cinco ganchos de cada lado)
eu atravessaria a noite levando comigo
restos de outra
(aquela que há muito
o amor despedaçou)
pela cidade, falariam de mim
a moça que canta e caminha
de lá para cá
como um enternecido
açougue

a cabeleireira, ela então me disse assim, mais ou menos nestas palavras, "sei para que lado a pessoa dorme virada, vejo pelo remoinho no cabelo", "conheço os hábitos noturnos de grande parte da cidade", eu a escutava, seguia escutando-a também depois que emudecia

"algumas pessoas remoinham a leste, outras a oeste"
"algumas empurram o coração, outras esmagam-no"

dou-me a esta figuração sem língua, abandonada

.

tantos antúrios e cardos, arpejos em violão-fantasma,
   linho-de-raposa

.

meu coração talvez seja mais leve do que o modo como
   o batizo

.

bijuterias espalhadas pela cama; gargantilhas que
   rebentaram, pingentes, pedras
(conheço melhor a mãe por suas ruínas)

.

pulsos de monange hospedavam em si um inferno
   uivando andarilhas

.

voz de minha voz, deslabiada

.

"o que sabemos desse povoado, sabemos por relatos de terceiros", leio num livro, numa nota de rodapé. penso comigo: tudo é relato de terceiros. não existo senão como os terceiros de mim, em palavras que ignoro de onde vêm e que no entanto trazem notícias fiéis a meu respeito. ali onde as fontes faltam, começo a abrir os olhos

.

aqui, o lugar de onde se ouve a que fala barbaramente
    sobre lençóis assolados

.

a letra no insuportável do seu próprio hímen d'água

.

meus antebraços, os pelos finos: parecem pertencer
    à infância ainda — há um pernoite muito bem
    escoltado aqui, perscruto-o

.

a delicadeza ainda me devorará

.

a casa se ergue do corpo dos que moram
quem caminha na casa, caminha sobre os próprios
    destroços

.

escrevo estas notas, e o cão que recolhi dorme ao lado.
   nele, o coração é uma bomba feliz
(diariamente saímos, ele explora cheiros, mijos, busca cus
   para seus fantasmas amáveis)

.

quando a menina me visita na hora longa,
dou-lhe de mim como fez a loba com suas crianças-pântano

.

de tudo se apura um chamado a essa cópula de tristes

.

vento curvo, íngreme vento sem olhos —

.

lavasse meu cabelo usando bacia e jarro
e que a água ela mesma descesse compondo mãos como
   num animal de cristal ainda inviável para a carne

eu mesma nunca tive acesso ao mar, e acho que isso foi compondo em mim mar maior. porque o desejo quando desancorado, ele se invagina e emprenha notivagamente. quem olha bem nos olhos de meninas nascidas longe do mar, vê que nelas sobra um quê de sonho onde gangrena a imaginação de modigliani crivada de pescoços muito longos

.

casas vomitando desde as janelas, casas afogadas. não nasci numa ilha, nasci na casa. e no entanto a casa também sempre foi uma ilha exatamente neste sentido: sabíamos que um dia seria engolida

QUE O MAR LEVE OS OLHOS

sentir faltar o mar é enfim descobri-lo

há coisas que se conhecem melhor em saudade

uma se perdeu no deserto de alejandra
a outra, na praia de sophia

uma quer ir
ir sem ficar
ir como quem se vai

a outra quer voltar
e reaver as horas não vividas junto ao mar

cerco a gargantilha que usava no fim da menina, enredo-
-a nos dedos, deixo pender, no ar. desde então, nunca pus
no pescoço novamente, posso alcançá-la ainda naquele
primeiro suor, as águas quando eram doces — às vezes
doces demais, no ponto em que perigam passar e virar
álcool. e dopar a inocência

> *Tudo era claro*
> *jovem, alado.*
> *O mar estava perto.*
>
> Eugénio de Andrade

eu me pergunto se não posso olhar o mar como tu olhas
se em mim o mar estará perto, se também eu
descobrirei um dia puro, em que
tudo será claro

eu me pergunto se não aprenderia
se aos meus olhos o mar será toda a vida o que foi toda vez
rastro, retalho
a luz represada no quarto de costura
queimando no voal

pergunto se percorrerei sempre longas distâncias em
pés tão pequenos, se meus mapas do mundo
serão sempre fábulas, perdidos em cantos
de folhas de cadernos

eu me pergunto se até o fim escreverei a palavra *mar*
com esta minha caligrafia de
poucas mãos
— de quem não sabe equilibrar o próprio nome
numa língua —

ensina-me, eugénio:
esse teu modo de amor
de olhar o mar
no mar

o que me desmente são estes olhos de náufrago

demorar-se olhando o mar
à espera de que o mar leve os olhos

essa é toda a história do amor

um veleiro-fantasma atravessa meu sangue

de tempo em tempo, passa pelo que digo, com sua asa de
   sombra

o mar só responde a quem
fala sua língua rasgada
e rouca

oveiro negro, tordilho apatacado, baio cebruno, gateado ruivo. cavalos da minha terra. passei inconsolável naquele 1994, quando descobri que cavalos-marinhos não têm as mesmas proporções, são bem menores. imaginava-os grandes. ainda não havia compreendido que, dentro do mar, relativamente à fome do mar, o que quer que seja será pouco

doer no coração de alfonsina

fossilizar uma ou outra lágrima derramada na
hora azul, quando ao fim da madrugada os gatos regressam
para bocejar depois da caça

descerrar um a um os espelhos nus, na praia de sophia

não ter senão palavras de vidro para falar de amor

ler um livro como se olha o mar

deito sal no corte —
porque se reabre em dias de chuva doce

.

não me importo em não saber o nome do que me chama.
    sei de onde vem

(a pele também eriça, tocada pelo vento que nada diz)

.

de passar ouvindo *summertime*, cultivei em mim toda
    esta espera a que o inconsolável traga para aqui suas
    cadelas sem foz

.

a palavra mais próxima de *singrar* que temos: *sangrar*
a cortina arruinada no quarto de janis, o mais próximo a
    que chego de desejo

algumas palavras são lidas imediatamente depois de escritas, outras ficam guardadas, como um órgão numa bolsa, e aprendem a vascularizar o escuro. e a sensação é a de urgência, de que há um prazo curto para transplantar; quem leva um livro ainda fechado sobre si procura fôlego: é preciso que dê tempo, que se atravesse

passei a vida amando uma língua que é rebentação
e fustigada luz

amei-a dolorosamente, como se ama o mar quando quebra

porque os olhos demoram coisa de alguns minutos para se habituarem ao escuro, assim que apagada a luz. porque entre um momento e outro, há esse intervalo de tempo, de cegueira provisória. porque estamos fadados a penetrar a noite ainda enfermos de manhãs

é o mar que ensina a perder

ensina outra gravidade
outra respiração
outro sangue

é o mar que ensina a ouvir palavras como
quebrassem umas sobre
as outras —
na busca de uma flor sem país

a esquecer enfim —
é o mar que ensina a ir

e a brilhar como no escuro brilham navios cargueiros
e corpos amando

sou eu mesma uma noite devorada

AQUI UMA TRANSPARÊNCIA ENTRA NA OUTRA, VIOLA-A

gosto de pensar que mulheres têm caixas torácicas mais frágeis — ossos menos densos, mais porosos, facilmente quebráveis —, gosto dessa ideia porque (como nenhuma outra) ela dá a ver que sim é

especialmente nesses corpos que a vida em toda a sua estrutura segue até o fim rebelando-se a servir para o que quer que se pareça com engaiolar uma ave

o professor aquele que no último
ano corrigiu minha redação dizendo que
aréolas não são auréolas —
porque não se misturam jamais
mulheres e anjos —
ele não via os
teus seios
camile

o mundo ainda ouvia cassete
e descobríamos minha e tua nudez no meio
de *november rain*

era preciso rebobinar para
ouvir de novo
e de novo
e toda vez correr o risco de
que engastalhasse o eixo
e se rompesse a fita

sem perceber, compreendíamos —
amar uma canção
(ou uma mulher)
requer saber como
enredar-se

peço um *mojito* no bar. "o virgem?", pergunta o garçom, em referência a uma versão da bebida sem rum. "o álcool desvirgina a água", digo a mim mesma — "é para ela uma espécie de sexo". aqui uma transparência entra na outra, viola-a

eu ainda não escrevia poesia não nesse
tempo em que tudo era testemunhar o tempo morrer à
beira de ti lucelena as manhãs
abandonando a aula para dar-te novos nomes em
voz baixa procurando a pronúncia exata
o timbre ideal entre luz
e teus cabelos de amiga do último ano eu estava
longe do primeiro poema que viria
a escrever estava perto demais
do teu corpo
ouvindo-o —
teu corpo como noite
como fechasse meus olhos conduzisse
a ver
que toda palavra respira
que melhor compreende um poema quem o alcança na
    véspera
que dolorosamente nascem os poetas sempre muito
cedo em lugares quase intocados em horas
devastadoras como a que vi tantas vezes
fazer-se à volta do teu silêncio aos
pés da tua orelha cujo lóbulo pequeno aprendi
a amar pensando
que sim até a mãe com o brinquinho
de pérola na mão
deve ter um dia
hesitado
furar

a sombra do meu corpo no teu corpo, sol da meia-noite

a chegada do livro, envolvido em pano. quase consigo tocar no desespero das duas mulheres que vêm com ele, a que o escreveu, há mais de cinquenta anos, e a que quis dá-lo a mim, de presente, nesta tarde. sou a terceira. sei que na leitura vou acabar embrulhando-o em mais uma camada (tudo é desvio pela rota da seda, a doçura de traficar). toco este livro que não compreendo, e que parece dobrar-se sobre si, dopado de desejo. sempre fui da intuição de que objetos ladeados por tecido — especialmente os lisos, que escapam à mão — ganham nisso uma espécie de sexo, de avulvamento

quando se alongam mulheres pelas camas lentíssimas,
é ali — nos vãos de suas costelas — que a noite se
enfeitiça em guitarra

APENAS O RASTRO SOBREVIVE

escrever é negociar com a língua um
modo mais feroz de calar

tudo o que amei, amei numa língua impossível

amei com palavras que viriam feridas se
as dissesse

este pássaro pesando-me o coração

o primeiro livro de poesia que tive em mãos, não sei quem escreveu. ainda não sabia ler, não mais que as vogais, e da moça da biblioteca só ouvi que aquela parte ali da prateleira era poesia, pras turmas dos maiores, que os pra minha idade estavam do outro lado. demorei a aprender a ler. era distraída — a pele me distraía

(precisava tocar, voltava àquela região do indecifrado só pra sentir outra vez o papel finíssimo, comum em volumes longos, obras reunidas — e que mais tarde aprenderia a chamar de *papel-scritta*). um susto: deitar os dedos, compreender que mesmo pulso e falanges de menina podem ser muito para espessura tão perversamente delicada, idêntica à que resiste na asa de mariposas recém-mortas pela luz tanto mais a língua se ergue em mim como rebelião quanto mais urgência tenho de dizê-la em sua fragilidade, sua nascença desolada

.

rude ervaria de espreitas, agrinaldada pela sombra do carapiá

.

talvez esta escrita e a água sejam irmãs. ambas mal suportam o toque, ambas se devolvem aos olhos pela marca da finitude (do que desaparece quando tocado bruscamente, e portanto pede mãos breves, que alcancem do dizer certo ponto de estremecimento, nem mais nem menos). esse parentesco entre água e vocabulário, o afeiçoar-se dos dois à mesma ocasião de tremor, é isso o que neles parece confessar:

"aqui apenas o rastro sobrevive"

escrevo com a noite nas mãos

.

algo típico do frio no meu inverno antigo, no planalto médio: a lenha que se consegue nessas regiões é verde, não há tempo de secá-la, não há organização prévia nesse sentido. consome-se chorando — "ela chora", assim se diz. o fogo chora na casa onde agosto é sempre

.

entrei em mim mesma até o mais escuro, e o que encontrei foi uma solidão intocada, brilhando como um sol sem órgãos

.

há muito um livro não nascido me procura

.

lábios de minha perdição —
que corola, em tua flor-esqueleto? que terra exilada?

.

a gata se aproxima, toca o ar com a pata. chama sem chamar, não encosta em mim. há anos vem me educando, ela

— quero dizer, aprendo não só a guardar silêncio, mas a fazê-lo ferozmente, com unhas expostas, rasgando

.

em algum momento, o livro volta àquela que o escreveu, e volta em branco. espero que cada palavra regresse a mim num beijo sem rosto

.

língua, minha língua, tua nudez, tua ira

.

a vida corre atrás dos livros, inconcebível
a obra não comporta assinatura

diminuí meu nome próprio, de *marceli* para *mar*, na tentativa de que em mim a operação pressionasse o corpo a alcançar um correlato sanguíneo para este paradoxo da língua: sustentar numa palavra muito pequena, mar, a imagem do imenso, a devastação. assim forçado, empurrado, o uivo conseguiria enfim projetar-se

as poetas de minha vida, as costureiras com que vivi.
   nas duas visões, mãos silentes, dorsos de ladra

a manhã no papel, no musseline —
e no meio as pontas da mulher muda vagueando mãos,
   cumprindo-se inteira em equilibrar na boca crispada
   uma agulha levíssima

a noite das mulheres ilegíveis deve poder subir ao texto, deve poder assustá-lo e amá-lo, deve assaltá-lo como também depois de um tempo me olhando no espelho me assalta o rosto de uma estranha

poesia, minha obscuridade. poesia panos cobrindo o tórax das ladras, curva no toque alongando alças nas xícaras, para acossar a grande surdez. poesia, minhas terras estrangeiras, minhas línguas inimigas. tu que me escoltas com os lobos da tua tristeza, tu que colheste a magnólia de vidro do sexo dos que procuram amor. poesia, meu medo e minha crueza. beijo em minhas pálpebras

Para escrever um poema

primeiro

não o escrevas jamais

.

segundo

acerca-o em sua condição de não escrito com cuidado:
palavras ágrafas não gostam de ser tocadas, nelas um
ímpeto surge como vindo de um arbusto de dormideira,
que repele o toque

.

terceiro

se há mesmo uma distância ideal entre as mãos e o poema, então ela está ali —
no mais perto que se pode estar do arbusto
sem tocá-lo ainda

.

quarto

a dizer de outro modo: aproxima-te, mas só até onde o poema vazio te pressente, em véspera. ele deverá se inclinar

assustado, deslumbrado
o rastro disso no ar —
palavra

.

quinto

abeirar é o mais antigo dos gestos
mais antigo ainda que dizer
(prefere aquele)

.

sexto

um poema faz-se a si mesmo, cruel
dói-lhe esse desvão de fogo, esse corpo de névoa

.

sétimo

escreve como amas

OS QUE SE PERDEM

> *Ama como a estrada começa.*
> Mário Cesariny

enquanto nos falta casa, amar

amar como a noite ama os roucos

amar como a estrada ama os que se perdem

Copyright © 2025 Mar Becker

Todos os direitos reservados. Nenhuma parte desta obra pode ser reproduzida, arquivada ou transmitida de nenhuma forma ou por nenhum meio sem a permissão expressa e por escrito da Editora Fósforo.

DIREÇÃO EDITORIAL Fernanda Diamant e Rita Mattar
COORDENAÇÃO DA COLEÇÃO E EDIÇÃO Tarso de Melo
COORDENAÇÃO EDITORIAL Juliana de A. Rodrigues
ASSISTENTE EDITORIAL Millena Machado
REVISÃO Eduardo Russo
SOBRECAPA Denise Yui
IMAGEM DA SOBRECAPA Carolina Krieger
DIRETORA DE ARTE Julia Monteiro
PROJETO GRÁFICO Alles Blau
EDITORAÇÃO ELETRÔNICA Página Viva

A marca FSC® é a garantia de que a madeira utilizada na fabricação do papel deste livro provém de florestas gerenciadas de maneira ambientalmente correta, socialmente justa e economicamente viável e de outras fontes de origem controlada.

CIP-BRASIL. CATALOGAÇÃO NA PUBLICAÇÃO
SINDICATO NACIONAL DOS EDITORES DE LIVROS, RJ

B356n

Becker, Mar, 1986-
    Noite devorada / Mar Becker. — 1. ed. — São Paulo : Círculo de Poemas, 2025.

ISBN: 978-65-6139-072-9

1. Poesia brasileira. I. Título.

24-96682.1

CDD: B869.1
CDU: 82-1(81)

Gabriela Faray Ferreira Lopes — Bibliotecária — CRB-7/6643

1ª edição
1ª reimpressão, 2025

circulodepoemas.com.br
fosforoeditora.com.br

Editora Fósforo
Rua 24 de Maio, 270/276, 10º andar
01041-001 — São Paulo/SP — Brasil

CÍRCULO DE POEMAS

O **Círculo de Poemas** é a coleção de poesia da Editora Fósforo que também funciona como clube de assinaturas. Seu catálogo é composto por grandes autores brasileiros e estrangeiros, contemporâneos e clássicos, além de novas vozes e resgates de obras importantes. Os assinantes do clube recebem dois livros por mês — e dão um apoio fundamental para a coleção. Veja nossos últimos lançamentos:

LIVROS

Geografia íntima do deserto e outras paisagens reunidas. Micheliny Verunschk.

Quadril & Queda. Bianca Gonçalves.

A água veio do Sol, disse o breu. Marcelo Ariel.

Poemas em coletânea. Jon Fosse (trad. Leonardo Pinto Silva).

Destinatário desconhecido: uma antologia poética (1957-2023). Hans Magnus Enzensberger (trad. Daniel Arelli).

O dia. Mailson Furtado.

O Kit de Sobrevivência do Descobridor Português no Mundo Anticolonial. Patrícia Lino.

Se o mundo e o amor fossem jovens. Stephen Sexton (trad. Ana Guadalupe).

Quimera. Prisca Agustoni.

Sílex. Eliane Marques.

As luzes. Ben Lerner (trad. Maria Cecilia Brandi).

A extração dos dias: poesia 1984-2005. Claudia Roquette-Pinto.

PLAQUETES

Ranho e sanha. Guilherme Gontijo Flores.

Palavra nenhuma. Lilian Sais.

blue dream. Sabrinna Alento Mourão.

E depois também. João Bandeira.

Soneto, a exceção à regra. André Capilé e Paulo Henriques Britto.

Inferninho. Natasha Felix.

Cacto na boca. Gianni Gianni.

O clarão das frestas: dez lições de haicai encontradas na rua. Felipe Moreno.

Mostra monstra. Angélica Freitas.

é perigoso deixar as mãos livres. Isabela Bosi.

A língua nômade. Diogo Cardoso.

Dois carcarás. Leandro Durazzo.

Para conhecer a coleção completa, assinar o clube e doar uma assinatura, acesse:
www.circulodepoemas.com.br

CÍRCULO
DE POEMAS

Este livro foi composto em GT Alpina e
GT Flexa e impresso pela gráfica Ipsis
em agosto de 2025. Melhor compreende
um poema quem o alcança na véspera.